문예중앙시선 12
아늑한 얼굴

초판발행일 | 2006년 4월 10일

지은이 | 한영옥
발행인 | 김원태
편집인 | 김우연
책임 편집 | 김민정 백다흠
사진 | 이병률
디자인 | 이은주(02-735-1206)
출력 | 트리콤
인쇄소 | 정화인쇄
주소 | 서울시 중구 정동 34-5 배재빌딩 B동 6층 (주)랜덤하우스중앙
홈페이지 | www.randombooks.co.kr
편집부 | (02)3705-0186 fax | (02)3705-0112

ISBN 89-5986-600-8(03810)

값 6,000원

- 이 책은 랜덤하우스중앙이 저작권자와의 계약에 따라 발행한 것이므로,
  본사의 서면 동의 없이는 어떠한 형태나 수단으로도 이 책의 내용을 이용하지 못합니다.
- 파본은 바꾸어 드립니다.

의 시적 대상으로부터 그 본질적 원형을 직시하는, 즉 거룩한 "당신"을 향한 여정이 "사랑"의 시학에 이르면, 삶의 감각 속에서 구현되고 있는 것이다. 그래서 그의 사랑의 시학은 마음의 극명을 향한 시적 추구가 되기도 한다. 그의 시세계가 단아하고 일상적이면서도 근엄하고 신성한 정조를 자아내는 까닭이 여기에 있다.

① 지금부터 천 년입니다. 드리는 이 연밥 속에

　사르륵 스며들어 당신의 기다림 속 다 지나면

　천 년이 어제런 듯 살풋, 눈 뜨겠습니다.

　　　　　　　　　　　—「불멸에 가까운」 일부

② 들길 끝에 가 닿아, 들길 끝에서 만난다

　네 사랑들 마디마디로 하나였음,

　마디마디 서럽게 뻗쳐올랐었음,

　솟구쳐야 했던 봄날들이었음을,

　　　　　　　　　　　—「들길, 대화」 일부

　시 ①은 천 년의 사랑을, 시 ②는 연속적인 합일의 사랑을 노래하고 있다. 그에게 사랑은 대체로 이와 같이 마음의 극명의 정점을 향해 있다. "천 년이 어제런 듯 살풋, 눈" 뜨는 무시간성의 공간이나 "마디마디로 하나"에 해당하는 세계란 곧 합일성과 영원성을 가리킨다. 이곳에는 어떤 불순물도 틈입할 여지가 없다. 그리하여 원형과 실재, 육체와 정신(영혼), 현상과 본질의 일원론적인 연속성과 합일이 가능하다. 이것은 마치 "자작나무"와 "자작의 당신", "미루나무"와 "미루의 당신"이 서로 합치된 "6월"의(「6월, 가득하여라」) 자연에 상응한다. 한영옥 시인

국수버섯 나던 곳도 바싹 말랐습니다
어지간히 생각한 것입니다
어지간히 생각하라 하셨습니다.

—「봄비로, 가을비로」 전문

 "봄비로" 눈물 떨구고, "가을비로 후득"이는 사랑의 우수가 묘사되고 있다. 시상의 전반부는 이를테면, 봄의 사랑이고 후반부는 가을의 사랑이다. "국수나무 순"처럼 "소복소복" 자라던 것이 봄의 사랑이었다면, "국수나무 이파리도 쪼그라지고" "국수버섯 나던 곳도 바싹 말"른 것이 가을의 사랑이다. 사랑이 생장하던 국수나무가 가을로 접어들면서 점차 앙상하게 시들어버린다. 그러나 사랑의 기억은 시들지 않는다. 스스로도 "어지간히 생각"하고 주변에서도 "어지간히 생각하라"고 충고하는 간절함이다.
 이렇게 보면, 한영옥의 사랑의 담론은 "국수나무"처럼 부드러우면서도 또한 "어지간히"도 끝나지 않는 고통의 긴 울림이다. 그래서 그의 사랑 시편은 "사랑이 지나갔네/돌멩이들은 달큰한/시절로 돌아갈 수 없네"(「지나갔네」 일부) 라고 부르는 슬픈 음영의 넋두리로 메아리치기도 한다.

(克明)」]. 그리고 이와 같은 극명한 마음의 자장에 그가 추구하는 자연율과 상호 공명하고 소통하는 심연의 본질이며 원형으로서의 "당신"이 존재하고 있는 것이다.

  그렇다면 이처럼 간곡하고 극명한 진실이 일상 속에서 가장 거울처럼 맑게 빛나는 자리는 어디일까? 그것은 사랑의 공간으로 이해된다. 삶 속에서 가장 내밀하면서도 강렬한 진정성의 서식처가 사랑의 담론이라고 할 것이다. 한영옥의 시세계에서 "사랑"의 언어가 도처에서 은하처럼 빛을 발하고 있는 것은 이러한 문면에서 이해된다.

    보슬비 마알갛게 얼비치고서
    국수나무 순 소복소복해지면
    국수나무 순 삶아 먹고
    내처 장대비 쏟아지고서
    국수버섯 소복소복해지면
    버섯국 끓여 먹으며
    서러운 밥 때마다 눈시울 뜨거워
    봄비로 떨구었습니다
    가을비로 후득였습니다
    생각할수록 사랑이었습니다
    국수나무 이파리도 쪼그라지고

침묵해주어야만 할 곳의 침묵을 위하여

다녀온 것들의 조바심 끓는 소리만

이 맑은 저녁, 꽃사과 속에 스미겠다
                              —「너의 설움」 일부

바로 네 앞으로

가만히 다가오곤 하는 얼굴들

몇 이랑의 광년을 흘러서

하필이면 거기에서 글썽이는

간절한 꽃송이겠느냐
                              —「직립(直立)의 날」 일부

 "사람"은 "가래 끓는 소리 가르랑거"리고, "꽃사과"는 "조바심 끓"고, "꽃송이"에는 "글썽이는/간절"함이 배어 있다. 이와 같이 여리면서도 곡진한 정감의 언어는 그의 시집 도처에서 쉽게 만날 수 있다. 마치 명주실처럼 섬세하고 간절한 어사들이 이번 시집의 신경 조직망을 형성하고 있는 것이다. 이것은 앞에서 확인한 바대로 진실 혹은 극명(克明)은 이렇게 나직하고 "가냘프"고 "끈질"기고 섬세하다는 인식을 전제로 한다("이렇듯 가냘픈 진실/이렇듯 끈질긴 진실/새파랗게 영근 극명(克明)",「새파란 극명시 전반의 중심 골격이다. 아침과 점심을 차려주고 "저녁 거리를 싸들고 온 이"는 누구인가? 그는 바로 자기 자신이다. 세 끼 식사가 바로 목숨과 같이 "간절"한 것임을 깨닫는다. 생존을 가능케 하고 지탱시키는 세 끼 식사의 반복 속에서 자기 존재성의 극명을 발견하는 형국이다. 삶을 영위하는 가장 기본적인 행위가 사실은 가장 간곡하고 근엄한 절대적 원형이다. 마지막 연은 자신의 존재성에 대해 "그의 눈동자"로 표상하는 객관화를 통해 스스로를 재발견하고 인식한 "내 영혼"을 노래하고 있다. "달개비꽃 한 송이"에서 발견했던 극명의 모습을 자신에게서도 발견하고 있다.

이렇게 보면, 시적 화자가 추구하는 "당신"의 실체란 곧 간절한 자신의 마음의 "극명"을 가리키는 것으로 보인다. 극명의 진정성이 "당신"의 거주지이다. 한영옥의 시세계 전반의 기본 음조가 간절하고 결곡한 까닭이 여기에 있다.

> 잦아드는 심장 소리 애써 듣자니
> 왜 못 보내는가
> 한 사람 붙들고 있는 한 사람의
> 가래 끓는 소리 가르랑거린다
> ―「5월이 되어도」 일부

점심상 차려준 이도 물리다가

저녁거리를 싸들고 온 이를
물끄러미 쳐다본다

탈 듯이 비로소 간절하다

하얗게 지는 해자락에
싸들고 온 슬픈 저녁 끼니

목 메는 깻잎
한 장 한 장 일으켜 먹으며
석양을 온 힘으로 받는다

저녁상 거두는
그의 눈동자에 오롯이 고이는
내 영혼의 슬픈 눈
　　　　　　　　　　—「내 영혼의 슬픈 눈」 전문

  시상의 흐름이 매우 단아하고 평명하다. 아침, 점심, 저녁의 끼니와 그 이후 찰나적으로 인식하는 자신의 초상이

듬직한 사건들을 깔고서야

몇 개의 확신을 놓을 수 있었으리라

오늘은 술과 떡을 내야겠다.

—「새파란 극명(克明)」 일부

  시적 화자는 "새파란 극명"을 만난 자리에서 깊은 충만과 신명을 느끼고 있다. "가을 하늘과 맞보는" "달개비꽃 한 송이"에서 "가냘픈 진실" "끈질긴 진실"을 발견하고 있는 것이다. 작고 여리지만 극명한 진실이 온몸을 환희로 들뜨게 하고 있다. "책 속"에서 보았던 형이상학의 고매한 품성을 "달개비꽃 한 송이" 속에서 그대로 읽고 있는 것이다. 시상의 흐름이 점차 "술과 떡을 내"고자 하는 홍성스러운 분위기로 상승되고 있다.

  그렇다면 이와 같이 현상 속에 본질이 함께 거주하기 위한 조건은 무엇인가? 이것은 "당신"(본질)의 존재성을 좀 더 구체적이고 감각적으로 진단해보는 일과 연관된다.

아침 물리며

아침상 차려준 이도 물리다가

점심 물리며

화의 원상은 어디에도 없다. 이것은 "웃음바다 넘치는 데", "당신"이 없는 것과 같다. 표면적인 현상만 즐비할 뿐, 본질은 어디에도 없다. 그저 절대적 본질의 그림자만이 잠시 반사되었다가 사라질 뿐이다.("물큰하게 당신 냄새만 지려놓고 간다.") 여기에서 "당신"은 "무정한 햇덩이"이다. "햇덩이"가 온전히 지상의 사물들과 감응하지 못하는 상황이다. 그래서 반복되는 종결어사 "없구나"에는 부정과 결핍의 안타까움만이 짙게 묻어난다.

한편, 다음 시편은 위의 시편의 정조와 선명하게 상반된다. 시상의 전반이 충만과 기쁨으로 물들어 있다.

> 이 한 해, 다시 핀 달개비꽃 한 송이
> 유난히 새파랗게 가을 하늘과 맞보는 걸
> 오늘 아침길이 환하게 떠 놓아주었다
> 누렇게 시들던 다른 길들까지 호사한다
> 이렇게 가냘픈 진실,
> 이렇게 끈질긴 진실,
> 새파랗게 영근 극명(克明)을
> 마음 바구니에 따 담았으니
> 오늘 하루 선심 써야겠다
> 책 속의 것들이 하늘 아래 좌정하는

더 걸어가보자
이 꽃밭에도 그 한련화는 없구나

그래도 걸어가보자
저기 잔칫집 불꽃이 보이는구나

잔칫집 앞마당엔 웃음바다 넘치는데
이 넘침에조차 당신은 없구나

만나는 것마다 당신 아니시라
당신 내음뿐인 냄새꽃차례들

저기, 당신을 빠뜨릴 듯하다가
그냥 넘어가는 무정한 햇덩이
물큰하게 당신 냄새만 지려놓고 간다.

—「그…… 꽃……」 전문

"당신"을 만나고자 하지만 정작 "당신"이 없다. ("만나는 것마다 당신 아니시라") 이를 제목에 비추어 살펴보면, 꽃은 있으나, "그 꽃"은 없는 형국이다. 꽃밭에는 양귀비와 한련화가 요란하지만, 그러나 정작 양귀비와 한련

여기서

간신히 지은 오두막은

나무의 피와

갈대의 울음에 뒤덮여

—「말끝을 흐리는,」 일부

  시적 화자의 일상적 정서가 "새털구름" "나무의 피와 갈대의 울음", 봄과 가을의 "비"와 같은 자연의 이미저리와 상호 공명하는 양상을 보여준다. 자신의 정서가 자연의 심연과의 공감 속에서 전개되는 것은 일상사가 우주적인 운행 원리의 집적태라는 점을 가리키며 아울러 일상사가 우주적 운행 원리의 참여 주체라는 점을 가리킨다. 그래서 그에게 사물은 빈번하게 의인화된 표정을 띤다. "나무"와 "갈대"의 내적 고통의 정서를 "피"와 "울음"으로 표현하는 것은 그 뚜렷한 실례에 속한다.

  그러나, "당신"으로 표상되는 절대적 존재성이 항상 어디에서나 쉽게 발견되는 것은 아니다. 다음 시편은 당신과의 해후가 이루어지지 못하는 국면을 노래하고 있다.

더 걸어가보자

이 꽃밭엔 그 양귀비꽃이 없구나

한편, 튼실한 과일을 연상시키는 "당신"이 "쿵 하고 떨어져" "바구니 그득 담"긴다. 시적 화자는 이를 오른쪽 귓가에 대어보고 그 은밀한 소리를 듣는다. "당신"은 누구이며 무엇으로 만들어졌는가. 그것은 "당신의 알갱이들"이다. 당신을 만든 주체와 만들어진 객체가 동일하다. 본질과 현상, 원형과 실재, 육체와 정신(영혼)이 일원화되어 있는 것이다. 다만, 그 원형 재료의 기원이 천체의 이미저리인 "달"에 이르는 우주 생명의 범주에서 비롯된다.

한영옥의 시적 상상력이 우주적 의식으로 나타나는 것은 이와 같이 현존재자의 원형 재료에 대한 기원의 상상력과 연관되는 것으로 보인다.

> 잘 익었던 애절함, 부풀어 터져
> 새털구름으로 저쪽에 흐르는구나
>
> ─「새털구름을 보며」일부

> 봄비로 떨구었습니다
> 가을비로 후득였습니다
> 생각할수록 사랑이었습니다
>
> ─「봄비로, 가을비로」일부

조심조심 흔들어댄다

쿵 하고 떨어져

바구니 그득 담기는 당신

갓 딴 당신을 잘 집어

오른쪽 귓가에 대어본다

가장 멀리서 내게로 오며

조금씩 쌓여갔을

당신의 알갱이들이

당신 만들었던 따뜻한 소리를

따끈따끈 듣고 싶었던 것이다.

—「당신을 귓가에 대어본다」 전문

  이 시에서 "당신"은 감각적인 지각의 대상으로 구체화되어 있다. "당신"이 흔들거리고 있고, 떨어지고 있고, 바구니에 담기고 있지 않은가. "당신"을 "어떤 나무의/그 투명한 절정에" "들어올려놓고" "조심조심 흔들어"대는 주체는 누구인가? 시적 문맥으로 볼 때, "달덩이"이다. 달덩이가 "당신"을 흔들어댄다는 것은 당신과 달덩이의 긴밀한 연관성을 암시한다. 후반부에서 당신을 가리켜 "가장 멀리서 내게로" 왔다고 할 때의 그 거리감은 시적 화자와 천상의 달의 거리를 가리킨다.

의 감각적 표현이다. 6월의 시공은 온통 6월의 "당신"들로 "가뜩"하다. "은사시, 미루, 자작"들이 모두 제각기의 "당신"과 조우하면서 제 모습으로 온전히 "깨어"나고 있는 것이다. 특히, 여기에서 6월의 풍경의 절정은 6, 7연이다. "당신"들이 서로 어우러지면서 "참 소리"와 "참 바람"이 일어나고 있다. 다시 말해, "참 소리"와 "참 바람"은 당신들의 생생한 심장의 박동이며 숨결의 어우러짐인 것이다.

그렇다면 여기에서 6월의 풍경을 가득 채운 "당신"의 실체란 무엇인가? 그것은 일단, 은사시나무, 자작나무, 미루나무 등의 본성이며 원형질로 해석된다. 그렇다면 그 본성과 원형질의 실체란 또 무엇인가? 이를 가까이서 직접 눈으로 보고 손으로 만져볼 수는 없을까?

댕그렁거리던 잎사귀들
모조리 떨쳐버리고
맨 힘줄로 쭉 들어올린
물 좋은 달덩이,
잠시 매달고 있는
황홀한 어떤 나무의
그 투명한 절정에
당신을 들어 올려놓고

자작나무에게 오시는
자작의 당신,

미루나무에게 오시는
미루의 당신,

옷깃 느슨히 오시는 당신들께
안기는 소리, 살폿 살폿

은사시, 자작, 미루들이 우르르
깨어나는 참 소리, 참 바람

가뜩하여라
좋은 바람, 6월.

—「6월, 가뜩하여라」 전문

시인은 6월의 자연 풍경을 노래하고 있다. 은사시나무, 자작나무, 미루나무 등이 제각기의 빛을 뿜어내는 기운 생동의 풍경에 대해, "우르르 오"시는 "당신"들과의 분주한 해후의 장면으로 그리고 있다. "당신"들이 밀려오는 모습을 표상하는 의태어 "우르르"는 6월의 싱그러운 박동로 존재하는 것은 아니다. 그에게 존재론적 원형은 감각적인 대상 그 자체의 본성으로 이해된다. 즉 모든 대상은 제각기의 신성한 절대성을 지닌 존재자인 것이다. 그러나 이 절대적 신성성은 감각적으로 지각하고 표상하기 어려운 속성을 지닌다. 그래서 그의 시 창작 방법론은 사물에 대한 감각적 지각과 표상에서 표상 불가능한 존재성에 대한 사유를 불러오고 환기시키는 특성을 보여준다. 그의 시적 묘사가 사물의 실체를 넘어서서 형이상학적인 사유의 영역으로 열려 있는 배경이 여기에서 기인한다. 그가 추구하는 표상 불가능한 원형의 세계는 2인칭 지시대명사 "당신"으로 지칭된다. 그래서 그의 이번 시집을 읽는 여정은 "당신"의 존재성을 파악하고 감상하는 행보에 해당된다고 해도 과언이 아니다.

다음 시편은 그의 이러한 시 창작 방법론이 전면에 선명하게 부각된 경우이다.

> 멀리 계시던 당신들
> 우르르 오신다
>
> 은사시나무에게 오시는
> 은사시의 당신,

| 작품해설 |

마음의 극명과 사랑의 시학

홍용희(문학평론가)

 한영옥의 시세계는 단아하고 일상적이면서도 신성하고 근엄한 정조가 내밀하게 배어나온다. 그의 시적 응시는 표면적으로는 일상적인 삶의 계기와 정서에 집중되고 있지만, 사실은 그 너머의 절대적 존재자를 향하고 있다. 즉, 보이는 대상을 통해 보이지 않는 본질적 원형의 세계에 대한 직시와 사유를 지향하고 있는 것이다. 그렇다고 해서, 섣불리 그의 시적 특징을 이야기할 때 감각적인 사물을 통해 그 본질(이데아)을 환기하는 플라톤의 회상의 신화와 유사한 것으로 단정하는 것은 옳지 않다. 그의 시세계에서 감각적인 지각의 대상들이 원형과 이념(이데아)의 모상에 해당되는, 그리하여 회상을 위한 외적 계기

눈물 들판

또다시 저 들판 일렁인다
들국화, 여뀌꽃 번져가고
아직 섧게 터지는 달개비꽃

김종삼 시인, 첫사랑 번졌다는
호수돈 여고생의 호수 눈매

박재삼 시인, 어쩔하였다는
여학생들의 옥양목 체취가
저 들판에 합류하였구나

언뜻언뜻 이리로 불어
목 언저리에 엷게 스미는
들판 맛이 맵싸하다

꽃들, 저리 끈질기니
내후년 가을에도 눈물 들판.

점점 흐리며 가고 있는
말끝이 또 어디 가서 끌고 올,
갤 적 없을 말끝의 이 흐림.

말끝을 흐리는,

여기서
우리는 너무 추워
몇 그루 나무를 베어야 했고
몇 움큼 갈대를 꺾어야 했고

여기서
간신히 지은 오두막은
나무의 피와
갈대의 울음에 뒤덮여

얼기설기 짜 맞춘 우리 집
불안에 먹히곤 했지만

혹한의 겨울밤을
맨몸으로 나는 장사는 없었다고
그런 장사는 세상에 없는 법이라고
말끝을 흐리는……

새털구름 보며

무슨 생각이 있을 거야
무슨 생각이 없을라구
가늘게라도 몇 줄 꼬아
내 가슴께로 세차게 던져다오
그러나, 한두 줄 떨리는 금이
부풀었던 가슴께 겨우 닿더라도
너를 무섭게 오해하는 것으로
나의 이해는 끝나리라

잘 익었던 애절함, 부풀어 터져
새털구름으로 저쪽에 흐르는구나
몇 번 네 가슴에 귀 대어보았다고
너를 수월히 읽으려던 허욕(虛慾)이여
한 애절함 익으려면 또 한참일 터이니
캄캄세월에 턱 올려놓고 먼 산 보아야겠네.

입추

마음 바꾼 게 역력한 날씨
슬쩍 섭섭하고
저만치 밖에 서서
쓴웃음하고 있는 네게로
더는 움찔거리지 않는 촉수
꺼끌하게 손끝에 닿는 것
슬쩍 편안하다

열망의 시작과 끝은
못 본 척 머리 돌리고서
보푸라기나 떼어 날리다
제 굴헝으로 기어드는 걸……

떠돌던 보푸라기 몇 낱마저
아주 사라지는 것 지켜보다
실해진 논이랑 밭이랑 너머로
죽은 촉수, 훨훨 날려보낸다.

욕구경꾼들도 고개 들고 꽃구경 하네.

욕(辱) 구경, 꽃구경

울긋불긋한 구경꾼들 밀려오자
공작새처럼 겹겹이 껴입은 그 여자,
뱃속에서 부글대던 욕설이
대책 없이 쑥쑥 빠져나오네
밀려온 사람들은 겹으로 둘러싸고
박장대소하며 욕 구경에 빠져드네
그 여자 참 쉽게도 그 힘든 덩어릴
용케 빠뜨리네, 아니 그렇지도 않은지
붉은 얼굴이 한층 붉어지고 있네

얼마간 흑흑거리며 우는 시늉이더니
불같은 눈길 휙익 허공에 던지더니
그 여자 차츰 맥이 빠지는 것인지
겹겹이 껴입은 옷가지 흘러내리네
허공을 샛노랗게 그어가는 개나리꽃,
그 여자를 지나려는 참이었네
핼쑥한 그 여자 고개 든 채 묵묵하네

천길만길 어질머리 노랑 속으로
벌게진 얼굴이 마구 처박힌다.

불쑥, 꽃다지 꽃이랑

세상 넓은 줄 모르고
감히 지절거렸던 가락들
세상 사람들 벌써 알고
미처 지절거리지 못한 가락까지
세상 사람들 이미 안다고
그렇다, 그렇다 눈치 주더니
불쑥, 꽃다지 꽃이랑이 깔린다

어질머리 샛노랗게 고여 명치에 받친다

깔려오는 꽃다지 꽃밭 앞질러
어디로 달려가서 죄다 토했으면
흥얼거리며 건들건들 밟은 길
되돌아가 싹싹 쓸어내고 다시 섰으면,

야들야들 벋는 애가지들에 눈 닿아
실한 빗자루 묶어야지, 마음은 달려가는데

느닷없이 오욕으로 바뀌어 흐늑이던 살점,
살점들을 어느 깊이로 미리 데려가야
얼얼한 수모를 면하게 해줄 것인가
깊이의 입구를 눈 아프도록 헤아리다가
붉은 눈물만 줄줄 싸는 고단한 추론(推論)들,
더는 명석해지지 못한다.

느닷없이

저렇듯이, 고추밭 고랑 또 매캐해졌다
붉은 물, 장하게 굽이쳐온 것이다

이파리색 더욱 시퍼렇게 돋우고
맹렬한 대비의 빨강을 더 돋우어
지구의 정수리에 꽂는 명석(明晳)한 여름

실하게 뻗치던 고추 열매들은, 그러나
등줄기 타고 내리는 치욕을 어쩌지 못해
고개를 떨어뜨리고 만다

지난해…… 또 지지난해도……
밥그릇, 국그릇 귀퉁이쯤 느닷없이 발라진
뻘건 살가루 한 점, 혹은 두 점……
도무지 알 수 없었던, 지독한 오욕으로
호출당했던, 얼얼하게 무참했던…… 가루

냉랭하게

갈기 성스러운 사자가 물어다 놓고서
한참을 짓이기다 밀쳐두고 가버린
얼룩말 석류알투성이 가슴팍에 몸을 푹 묻고
석류 알맹이 툭툭 터뜨려가며 쪼아 먹던 독수리,
피칠갑한 양 날개가 어느 결 꾸덕꾸덕해간다

답지 않게, 허겁지겁 뒤뚱거리며 걸어가더니
맑은 샘물 찾아내 천천히 몸을 헹구고는
후두둑 날개 털어 물기 말리는 중에 다시금
답지 않게, 붉어진 눈으로 물가 내려다보다가
독수리, 날개 쫙 펴고서 날아오를 채비 한다

자칫 붉은 샘물에 던질 뻔했던 퍼런 독주머니를
답게, 다시 싸서 품에 넣더니 독수리, 치솟아 올라
생각 아주 끊길 곳으로 냉랭하게 길을 구부러뜨린다.

아슬아슬한 몸

그가 없는 지금,
입꼬리가 올라가지 않는다
아랫입술과 윗입술이
서로를 말아들이며
얼굴 속에 집어넣으려 애쓰고 있다
그가 없는 지금,
팔들이 휘저어지지 않는다
왼팔과 오른팔이 서로를 접어
몸통 속에 처박으려 애쓰고 있다
그가, 대책 없는 뭉텅이를
쩍쩍 갈라 팔다리 만든 그가
멀리 가버린 지금
몸은 다시 반죽되고 있다
겨우 빠져나온 정신이
희미해지는 몸을 보고 있다
그토록 아슬아슬했던 몸을.

다 거둬가지 못한 네 그림자에 피었던
뜨거운 입술, 그 입술에 담았던 불꽃
스스로 잦아들어 비로소 재가 되겠다

바다 같았던 푸른 못, 일월담이
어느 틈엔가 죽었다는 말, 뒤늦게 듣고
네가 떠난 어스름한 기미, 비로소
스멀스멀 일어나 아주 걸어간다.

죽은 지 꽤 오래되었다는

"밤이 되면 일월담은
모든 분별을 지우네
검은색의 부드러움뿐이네
비로소 혼돈을 나는 만지네
이제는 울음을 버릴 수 있겠네"

15년 전쯤의 여행일기를 들친다
그런데 얼마 전 대만의 일월담,
바다 같았던 푸른 못은 지진으로
사라진 지 꽤 되었다는 얘길 들었다
사라져버린 줄도 모르고
검은 혼돈에 가끔 손 집어넣었다
울음을 버리겠다고 마음먹고서도
야금야금 울어온 울음 끝자락을
사라진 시원을 향해 활활 날려야겠다

어느샌가 너도 사라졌을 것이다

가혹한 관념

지금의 네가
조금 전의 캄캄했던 너를
찬찬히 들여다보았으면
내일의 네가
더욱 캄캄한 오늘의 너를
뚫어져라 쳐다보았으면

토막토막 튀어오르며
모서리 벼리는 널 보며
구슬처럼 꿰어지기를 바랐던
오랜 기다림의 제단 위에
기다리지 말아야 할 것까지를
기다리게 했던 '기다림'의
가혹한 관념을 도려내어 바친다

끈질긴 눈물 한줄기의 길조차
뒤돌아선 뒤에 아주 내버린다.

깻묵

그들에게 오래도록 눌려서
돌덩어리, 깻묵이 되었다
깻묵 한 조각 입에 넣고 다문다
오래전 기름 냄새, 꿈처럼 혀끝에 고인다
그들 만나면 입 안 가득 우울한 침묵 고인다
깻묵이 될까봐 입을 꾹 다문다
꿈쩍 안 하려는 입을 툭툭 건드리는
그들 앞에서 웃는 시늉으로 입을 오므린다
양 볼이 탱탱해지고 눈이 충혈된다
이처럼 나는 우스워지곤 했었다
함부로 재채기를 하기 싫었기 때문이다.

그래야만 했었는가?
그래야만 했었지요……

햇살에 내다 말리지 못한
눅눅한 통한엔 가혹한 인연,
웃자란 채 쓰러져 있었다.

그래야만 했었다
―불멸의 연인

내가 있는 곳에
그대도 있어주시오
꼭 그래야만 하오

그래야만 하겠지?
그래야만 하겠지요……

베토벤과 연인은
그러나 엇갈린다
천둥소리 입은 채로
검은 베일 쓴 채로
사나운 빗물에 휩쓸렸다

증오를 다 쓰고 나서야
천둥소리 벗었으나……
육신의 무늬 다 지우고서야
검은 베일 벗었으나……

이제쯤은 생각을 밀어보기로 한다
난롯가의 여교사들도, 엇비슷한 이들도
물컹한 허공이었으리라고,
허공에게 오래 두들겨 맞았다고.

난롯가의 여교사들로 인한,

하시는 일이 순조롭지 않았던
아버지의 조촐한 설빔을 입고
교무실 문 조심스레 열었을 때
여교사들 난롯가에 둘러서 있다가
바라보며 키들키들 웃었던 것 같다
설빔을 조롱하고 있었던 것 같다
불길로 발개진 그 얼굴들보다 더,
발개진 채로 돌아서서 간신히
뒤꽁무니 감추기까지 몇 번 찢어져
마음 너덜거렸던 이후부터는
곧잘 찢어지게 되었던 것 같다
너덜대는 마음 깁다가 눈 감으면
큰 느티나무 같은 사람 하나
난롯가의 여교사들 나무라며
역성들어주는 풍경이 그려지곤 한다
나무 같은 그 사람 그리메뿐이지만
마음을 기워주는 데는 그만이었다

'어디쯤에선가 행복은
더 이상 자라지 못한다'고
웅얼거리는 어두운 저녁이여
그러나 함부로 발성하지 못하는.

결절(結節)

결절된 상처를 만진다
봉긋하고 뭉클하다
돌이켜보면 상처들은
그 자리에 중첩되곤 하였다
맨 밑바닥에 깔린 채
이후의 상처를 틔우는
종자(種子) 상처를 아,
나는 잊지 못한다
기억 때문에 또 긁힌
상처들을 아,
난 또 잊지 못한다
맨 밑바닥 상처 부근에서
나의 행복은 머물러 있고
지금 어떤 책을 읽으며
"그의 행복은 거기서
끝나게 된다"는 단언에
모르는 새 밑줄 긋고 만다

그런대로 민첩했던 이별
그런대로 민감했던 수치감이
다른 이별들과 합류할 수 있었을 것이다
거리엔 그날치의 이별들, 마른 파편들이
몇 항아리쯤 쏟아져 내려 흩어지곤 했다
꼭 그만큼 거리는 따끔거릴 수밖에 없었다.

그날치의 이별들

그날 이후 그들은 헤어졌다
그날의 징후에 눈감아버렸더라면
그들이 예리한 해독자들 아니었다면
그럭저럭 그들은 이어졌겠지만
그럭저럭은 관계의 수치가 아닌가
그날, 그들의 지난밤 꿈의 은유와 환유
그날 그들이 스쳐간 나뭇잎의 벌레
무엇보다 그날의 그 찜찜한 스크린은
헤어지라고 헤어질 때라고
그들에게 권유하였을 것이라 짐작된다
그들은 종종 뻑뻑한 관계의 수치감을
각자 꺼내보며 한숨짓기도 했었는데
그날따라 뻑뻑함은 더욱 조밀해져
습관처럼 마시던 차 한 잔도 없이
그대로 냉혹하게 폭발해버린 것이다
나가떨어진 자리에서 눈 뜬 얼마 후
그들, 이제는 헤어졌음을 알았다

흐느끼는 의식을 부둥켜안는다
몸이 울음을 꺼주려나 보다
저토록 어깨 들썩이는 의식을.

그토록, 저토록

그토록 오래 기다리던 중에
저 문 열리며 너 들어오던 찰나의
화들짝한 기쁨이 문고리에
저토록 오롯하게 찍혀 있는데도
이제 그 일은 믿을 수 없다고
나는 시방 울고 있다
아무것도 믿을 건 없다는 데서
시작한, 이미 상처입은 시작이여
시작의 냉엄한 끝자락에 훑친 자국을
온밤 내 쓰다듬는 것으로 이제
남은 시간을 정갈하게 쓰려는데
순하고도 흥겨웠던 냇물 꼭대기로
다시는 거슬러갈 수 없다는 막막함에
나는 저토록 꺽꺽거리고 있다
그토록 오래 기다리던 중에
저 문 열어젖히며 너 들어오던 때의
홀황(惚恍)한 안개를 발랐던 몸이

쇠방망이를 능선 너머로 던진다
(그 말은 새 이름일지도 몰라)
다른 사흘이 지나고 나흘이 간다
들썩거리는 사전을 꾹 누른다.

사흘이 지나고, 나흘이 지나도

어떤 이, 중얼거리는 시늉으로
그 끈적이는 말을 배알았지만
그 말은 정확하게
이마에 쩍 붙었다
잠시 죽을 수밖에 없었다
교활한 소통을 노린 그 중얼거림
화끈화끈하게 들러붙더니
사흘이 지나고 나흘이 지나
쇠방망이가 되어 다시 후려친다

간신히 살아나
사전을 더듬거린다
(그 말은 꽃말일지도 몰라)
사전을 펼치지 못한 채
무릎으로 걸어가 문을 연다
퉁퉁 부었던 날씨, 가라앉고
능선은 한껏 튀어오른다

홍초 잎사귀

눈 비비며 일어나 몇 걸음 하면
큰엄마 계시고 작은엄마 계셨다
사촌 언니랑 메뿌리 캐어가면
큰엄마 메떡 쪄주시고
사촌 동생이랑 소루쟁이 뜯어가면
작은엄마 소루쟁잇국 끓여주셨다
큰집 사시는 할머니는 쇠죽가마에서
뜨끈한 감자알 수북이 골라주셨다

할머니는 칸나를 많이 심으셨다
칸나를 홍초라 부르셨던 할머니,
손이 홍초 잎사귀 같으셨다

먼 훗날, 마땅히 걸음할 곳 없게 된다
털 깎인 짐승처럼 몸 아릿하게 된다

홍초 잎사귀 보면 흐느끼게 된다.

억새풀

후회 없다

후회 없다

되뇌는 목소리

기어코 끝이 갈라지는 사이사이로

굵은 눈물방울 뿌옇게 번져간다

어쩔 줄 모르는 후회의 분광(分光)이여

흩날리는 진주빛, 아슴한 춤이여

억새풀 빗자루, 몇 자루 엮어야

뿌연 눈물길 정갈히 쓸어갈까.

난처한 눈빛

소금 캐는 카라반,
엄숙한 티베트인이 야크 목을 따면서
난처한 눈빛을 어찌지 못한다
사람들에게 몸 떼어 먹이는 이 짐승,
다음 세상에선 사람으로 태어날 거라고
습관된 중얼거림만 겨우 내보낸다
거친 벌판 업어주다가
거친 벌판의 칼을 받는 야크
사람으로 생겨나면 무엇 하나
또 야크나 죽여야 하는걸,
난처한 눈빛 둘 데 없는 생
사람으로 생겨나면 무엇 하나,
야크의 피 흐르는 묵언이
마른 모래 위에 뚝뚝 진다.

난처(難處)

사랑하는 사람의 고통을 줄이려고
가까스로 파닥거리는 그 가슴에
사랑이 뜨끈하게 고였던 그곳에
총구를 들이대야 하는 한 얼굴의
난처(難處)가 무자비하게 확장되다가
가물거리는 파장 속으로 묻혔다
다시 무자비하게 응축되면서
피투성이 형체로 돌아올 것 두려워
스크린을 찢고 거리로 뛰쳐나와
손 모으고 어렵게 닿은 들길이었는데,

날 선 바람 한 칼이 막아서더니
애처롭게 간당거리는 풀꽃 모가지를
싹 베어버리고선 어둠에 묻히는 것이었다.

제 3 부

우리가……

이런저런 핑계로 우리 만났던 것은
정녕코 만나야만 한다는 듯
힘껏 몸 떠밀어주는 다급한 물결
소스라치며 밀려왔던 시간은

우리가 혼자서 달그락거리는 몸을
이제는 마주쳐 세워야 한다고
스스로 깨치며 고요해졌던 시간은

푸르게 설레는 것들, 가득 실은 지구가
낯선 허방으로 한 발 내딛는 순간의
아뜩한 설움, 오래 얼어붙어

이제는 하얗게 질려버린 저 끝없는 길을
서로 붙들고 가지 않으면 우리들
어떻게 하리요, 어떻게 하리요, 내리치는
시퍼런 천둥에 여러 번 목 졸렸기 때문.

아아, 잘 가는 세월 제발 도루 접지 말기를.

말았으면, 제발

「나 홀로 집에」에서 주연을 맡았던
매컬리 컬킨,
그 천진스런 아역 스타는 24세,
그 창창함에 이르러 마리화나 소지자로
몹시 쭈그러들게 된다

그때, 너무들 흥흥거리지 말았으면

또다시 몇 년 흐르고서 그 스타는
몸과 마음을 잘 씻은 뒤 이제는
반짝이는 인생을 산다는 뉴스에 접하게 된다

그때, 다행이군 하면서 시큰둥하지들 말았으면

어느 결에 그 사랑 저무는 여름 저녁이더라도
그때가 어느 때건 장대비처럼 흐느끼지 말기를

종작없이 후드득거렸던
지난 여름, 비릿한 몸을.

은사시나무, 겨울

은사시나무는 지금
사시나무 떨듯 떨지 않는다

본능적 고귀함만
맨살 가득 번지고 있다

번쩍이며, 우듬지에
별 한 송이 걸려 있어도

내 몫 아니라는 손사래로
방죽 가득 은빛을 끼친다

은사시나무와 은사시나무의
하염없는 격조 사이에
몸을 끼워본다

사시나무 떨듯 떨었던

세상책은 거울 키를 넘지 못하는데
어찌하자고 당신은 냉랭하게
저 어둠 속에서 다시 찬란해지시네.

세상책

다시 또 당신이 켜지는 저녁
다시 또 당신이 꺼지기도 하는 저녁

은은히 심지를 감싸다가
환하게 나를 휘도는 당신을
도저히 의심할 수 없는

모든 의심의 가지 끝에서
분명히 피어난 당신이

아직 남은 계절을 밀치시고
몸을 아주 꺼버리시더니
어둠의 내리막길로 내달으시네

깜박이는 당신 비추려고
거울 뒤에서 단련한 세월들
이 책, 저 책에 철철 고여 있지만

나뭇가지마다 툭툭 치며
이것도 아는 체
저것도 아는 체

이만하면 짐승은 면피했다고
입꼬리를 귀에다 걸었는가

은행나무, 가만한데
느티나무, 가만한데.

중얼거리다

5백 년이나 된
은행나무 아래서
은행알이 굵다, 잘다

3백 년이나 된
느티나무 아래서
나무 그늘이 좋다, 나쁘다

어쩌자고 한 생애
줄기차게 중얼거렸는지

터진 바구니들은
헛간에 감추어 걸어놓고

중얼중얼, 팔장 낀 채
동구 밖으로 걸어나와

연민(憐憫) 한 장

두리번거리며 몹시 추위 타는 시늉으로
몸을 오그라뜨리는 어떤 슬픔에게
아무런 요량도 없이 툭 벗어주는 옷자락,
플라타너스 큰 잎사귀, 연민(憐憫) 한 장이
또 한 벌 벗기고, 또 한 벌 벗겨낸다.

새파란 극명(克明)

진실은 가냘픈 것, 그러나 또한
끈질긴 것이라는 글줄을 새기듯이
지난밤 읽어둔 덕일 것이다
이 한 해, 다시 핀 달개비꽃 한 송이
유난히 새파랗게 가을 하늘과 맞보는 걸
오늘 아침길이 환하게 떠 놓아주었다
누렇게 시들던 다른 길들까지 호사한다
이렇듯 가냘픈 진실,
이렇듯 끈질긴 진실,
새파랗게 영근 극명(克明)을
마음바구니에 따 담았으니
오늘 하루 선심 써야겠다
책 속의 것들이 하늘 아래 좌정하는
듬직한 사건들을 깔고서야
몇 개의 확신을 놓을 수 있었으리라
오늘은 술과 떡을 내야겠다.

싯누런 굴욕을 덮어 재웠을 것이다

다시 네 바특한 목소리가 엷어진다
붉은 어혈을 더 풀어주어야겠다고, 너는
고랑을 더 깊고 넓게 파고 있는 듯하다
구부리고 있을 너의 등이 참 멀리도 밝다.

아늑한 얼굴
—N시인에게

너는 호미 한 자루 고요히 쥐고서
수화기 앞으로 나오는 듯하다
나의 어혈진 목소리 잘 풀려 흐르도록
골을 내어주는 그 아늑한 얼굴이
냇물처럼 흘러와 곁에서 다시 아늑하다

내 목소리가 흐름의 끝으로 잘 가서 고이면
너는 호미 자루를 왼손으로 옮기는 듯하다
네 목소리의 자작나무 빛깔을 짜기 위해서

너는 톡톡하게 조금씩 짜다가 간혹 멈춰서
숨소리만 어렴풋이 들려주기도 한다
호미 자루를 옮겨 쥐고 고랑을 살피는 것이다

네 천성의 맑은 말(言)빛은 참 멀리도 온다
한 이파리씩 짜서 조근조근 넘겨주는 네 목소리의
자작나무 빛깔로 나는 몇 번인가 좋이

저의 팔을 힘껏 솟구쳐줍니다
변함없으셔서…….

변함없으셔서

변함없으시네요
변함없으셔서 감사합니다
변덕이 죽처럼 끓고 있는
치욕의 도가니 속에서도
들려오는 자작나무 몸 트는 강·약에
제 몸의 강·약을 싣습니다
언제나 깃광목 목소리 널어주시는 당신
계신 쪽으로 오그라드는 귓바퀴를 펴며
엉겨붙으려는 화염을 털고 있습니다

어렵게 겨울 났을 자작나무 살결
진진하게 여기저기 쓸어주며
변덕의 죽을 한 숟가락씩
꾹 눈 감은 채 먹어치웁니다
꾸준히 펼쳐주시는 은은한 광목을
오래오래 개킬 수 있으리라고
자작나무 가지런한 가지들이

싸늘할 때마다 다시 차려 먹는다.

꽃잎 지듯, 져 내리기를

쌩한 눈길 내려다 꽂는
황량한 비법 하나는 누구나
헛간에 걸어놓고 사는 법

그러나, 그는 쌩하니
내려다보는 것 앞에서
뻗치려는 눈길 가둔 채
푸른 하늘만, 솟아오른 나무만
고요히 생각했다고 썼다
쌩하니 내려다보는 것의
붉은 몸, 붉은 욕설이
꽃잎처럼 져 내리기만 바랐다고 썼다

꽃잎 지듯 져 내리기를……

무저항 운동가의 편지 한 통 읽고
보리밥 뜨뜻했던 그날 점심,

어머니 목소리를 내며 유합(癒合)하고 있었다
마음을 더 묶어야지, 마음을 더 묶어야지……
생각보다 따뜻했던, 철원 겨울.

철원, 겨울

철원, 겨울, 무쇠빛 하늘과 들판이었다
생각처럼 춥지는 않았지만……
노동당사, 부릅뜬 뼈다귀에는 독한 살점이
아직도 많이 붙어 있었다
따라붙는 뼈다귀를 핥으며 어머니 손 잡고서
도피안사로 오르던 들길에서는
가을꽃 무더기 생짜로 말라붙은 것들이
또 따라붙어 버석거리는 마음과 합쳐버렸다

도피안사 비로자나불전까지 버석거리며,
어머니 손 만지작거리며 무사히 올라갔다
어머니 절하시고 나는 우왕좌왕하는 사이
법당엔 무쇠빛 연기가 자욱하였다
비로자나 부처님이 꾸역꾸역 뱉으시는 연기에
잘 구워진 뼈다귀, 마른 꽃을 가만히 떼어놓고
무쇠빛 들길로 다시 세차게 걸어나갔던 그날
찢어졌던 봄과 여름, 너덜거리던 가을은

얼굴들, 얼굴들의 애절함을 다독여라
직립(直立)한 그날의 마음 모락모락 오르는
새벽녘마다 우리는 더욱 힘차게
두 팔을 뻗치고 싶었던 것 아니냐.

직립(直立)의 날

바로 네 앞으로
가만히 다가오곤 하는 얼굴들
몇 이랑의 광년을 흘러서
하필이면 거기에서 글썽이는
간절한 꽃송이겠느냐

지금 네 앞에 핀 얼굴을
안으로 안으로 들여보아라
조그맣지만 단호하게 잡히는
영롱한 한 알로 몽글거릴 게다
그 영롱 속에 같이 구르던 무수한
얼굴들 몽글거릴 게다

가만히 다가오곤 하는 얼굴들 위하여
너의 앞다리와 발은 달 밝은 어느 밤
두 팔과 손으로 일어서며 일렁였으리

왜 꽃사과를 유달리 좋아하였겠느냐
네 설움이 너를 애타게 당겼던 것,
너를 물끄러미 쳐다보며 흔들리다가
조용히 가라앉는 그쯤에서 네 얼굴도
우련히 붉어지지 않았었느냐.

너의 설움

서역으로 10만억 국토를 다 가는
저 노을에 실어 보낸 너의 설움,
너보다 먼저 갔다 왔으면
무슨 귀띔이라도 있어야지
묵묵부답으로 새 노을에 또 드는구나

돌아온 것, 멱살 잡아 흔들어도 보고
돌아온 것, 부여잡고 울어도 보았겠구나

화덕에 올려놓은 솥단지들은 낡아빠지고,
구멍마저 숭숭하여 이제 너의 추론(推論)은
더 이상 끓어오르지 못할 것이다

침묵해주어야만 할 곳의 침묵을 위하여
다녀온 것들의 조바심 끓는 소리만
이 맑은 저녁, 꽃사과 속에 스미겠다

굴러 떨어지는 찬 보리밥덩이를
한참 등 구부려 모아 허리춤에 찬다

전혀 알지 못하는 곳, 어찌 알았겠는가
꾸역꾸역 먹으며, 삭히며 걸어야 할 길
한참이다, 그 좋은 선사 받으려면

네 시선이 조여놓은 강박(强迫), 느슨히 풀면서
유순한 걸음 오래 옮겨야만 한다
긁혀주는 것, 아직 나의 능력이다

그곳이 있다는 걸, 그는 알지 않았는가.

---

* 하이데거의 『사유의 경험으로부터』에서.

알지 못하는 곳

"우리가 전혀 알지 못하는 곳에서
고통은 자신의 성스러운 치유력을
선사하고 있다네"*

초연히 들길 오래 걷던 그 사람은
참 좋은 선사를 받은 모양이네
그 선사라면 나도 꼭 받고 싶어서
전혀 알지 못하는 그곳 향하여
새벽 풀섶에 살 긁힌다

섬뜩하게, 아직도 네 시선인가
오랫동안 끈질기게 쏘아보는
네 시선의 폭발 고스란히 당해주는 것,
그간의 내 열정이었다

일기장을 털어보았다
쓴 물 오른 장아찌와 마른 된장덩이

한 조각 붉은 마음 먹지 못하였다고
수그린 고개와 흔들리는 네 어깨 감싸주며
들길은 다시 그윽한 깊이로 내려선다

돌아보면 너는 그저 수수한 제비꽃 한 송이
한 조각 붉은 마음 네게 먹이지 않은 것,
여기서는 그냥 한 송이 꽃, 불쑥 피워올린 일쯤.

들길, 대화

구름처럼 무심한 여기, 나는 여기서 너를 본다

지금 신작로 뵈는 들길에 나와 주저앉아서
들길 가득 울렁이는 꽃빛, 몸에 들이는 중이라고
네 붉은 심장 뚝딱거리는 소리 잘 흘러오고
흐름에 기대어 모처럼 부푼 네 몸도 잘 보고
오랫동안 네가 품은 몇 번의 사랑들 섞이며
뿌옇게 번지는 매캐한 기운까지 역력히 느낀다

그윽한, 지금은 잠시 가로누워준 그 깊이를
너는 아픈 걸음으로 마저 걸어간다
하나가 아니었던, 마음들 끌고서 걸어가
들길 끝에 가 닿아, 들길 끝에서 만난다
네 사랑들 마디마디로 하나였음,
마디마디 서럽게 뻗쳐올랐었음,
솟구쳐야 했던 봄날들이었음을,

흰 붕대, 한아름 가져오는 참이었다.

* 하이데거의 『사유의 경험으로부터』에서.

수수한 저녁

쉬지 않고 꼼지락대는, 쌀벌레 같은
모멸의 가려움을 피 나도록 긁으며
들판길 걷다가, 울다 웃다가
머리 들어 맑은 하늘 쐬려는데
풍경들이 매운 회초리로 막아선다
부풀지 말 것, 부푼 말, 버릴 것!
시퍼렇게 넘실거리던 숲들은
조금씩, 다시 빛깔을 덜어 보인다

벌게진 살들 터져, 쓰라려서
주저앉아 풀꽃들에게 대었더니
소박(素朴), 소박(素朴), 그저 웃기만 한다
수수한 것의 찬란함이여*
사나웠던 비위가 많이 가라앉는다
곪지 말 것, 곪은 말, 버릴 것!
찬찬히 회초리를 놓는 풍경들
힘껏 머리 들자 수수한 저녁이

솟는 풍경

길 건너가려고
푸른 신호 기다리며 서 있는데,
사람들 오고 가는 건너편에서
갑자기 풍경 하나가 솟아오른다
이쪽저쪽에서 뛰어오시던 할머니들
서로 5미터 쯤 되자 두 손 치켜들고
춤추듯, 달려와 와락 껴안으시더니
경중경중 솟아오르신 것,
드디어 푸른 신호가 들어왔다
바삐 건너왔을 때 두 분, 할머니들은
벌써 위쪽으로 많이 걸어가셨다
솟는 풍경, 나도 만들 수 있을까
어제와 그제, 내일을 두리번거리며
아래쪽으로 더듬더듬 내려갔다.

그런 마알간 날

이해 불가능에서
이해 가능으로 서서히
방향이 트이는 부드러운 기적이
목화 송이인 양 굴뚝에 들어가서
저녁 연기로 보송보송 다시 피는
그런 마알간 날은 만나는 얼굴마다
볼수록 목화솜처럼 푸근하여라
한없이 마주쳐 반기고 싶어라
숨어 있던 높은 날들이 그렇게,
스스로 말개지는 때를 알고 있어
굴뚝들은 많은 날 울먹해도 좋다

퀴퀴한 굴욕 삼켜두었다가
매운 연기로 뱉어버리는 중에도
굴뚝새 발톱에 굴욕이 엉길까봐
온몸을 말아들이면서, 콜록이면서
참으로 괜찮다고 손사래 친다.

안 좋은 일로 만날 사람 저기 온다
그의 구두도 엉망진창일 것이다
마른 데로 데려가서 닦아주어야겠다.

그래, 그래서

땅이 푹 젖었다
어제 아침부터 오늘 아침까지 비 내렸다
땅이 질퍽거린다
구두가 엉망진창이 되고 있다
질퍽거리며 약속된 곳까지 걸어왔다
10분 정도 시간이 남아
구두를 벗어 휴지로 닦는다
슬금슬금 내린 비와
질퍽해진 땅과
더러워진 구두와
불편한 심기가
휴지 한 장 속으로 쪼르르 달려와
앞, 뒤를 맞춰가며 오순도순 꾸러미가 된다
아하, 그래, 그랬구나
엉켰던 몇 가지 앞, 뒤가 순하게 잡힌다
요즘은 무어든 댕강댕강 자르고
벌컥벌컥 화만 냈을 것이다

큰 회화나무 꽃 떨어진 무늬는 좋기도 하지.

큰 회화나무 꽃 떨어진 무늬

무더운 어느 하루라도
큰 회화나무에서 떨어진 꽃무늬는 참 좋다
줍고 싶을 만큼 태가 흐르는 것도 아니고
쓸어버려야 할 만큼 태가 없는 것도 아니고
제 그늘 안쪽으로 살풋하게 내려앉은,
흰빛에서 연둣빛 사이를 오가며 엮은
수수한 돗자리처럼 보이는 슴슴한 무늬가
두어 평 남짓 안에서 고요하다
수수한 자리에 슬며시 들어서서
몹시 우는 매미를 열심히 생각해주노라면
이해 불가능에서 이해 가능으로 길이 꺾이고,
꺾이자마자 길은 곳곳이 맘 좋은 초록이다
몇 송이 꽃잎을 더 내려 앉혀주며 여름은
편하게 제 깊이를 다 펴고 한숨 잔다
고요한 그 사람의 속 깊은 염려 속인가,
생각수레 덜컹거리지 않아 악의(惡意)도 잘 잔다
꺾인 길섶으로 한참은 더 초록이 좋으리

제 2 부

결국은, 당신에 대하여

도무지 쓰고 싶지 않은 사람들
계속 그들을 두드린다
쓰지 않으려 던져버려도
어느덧 백지는 되돌아오고
나는 울면서도 계속 더듬는다
아, 오직 당신 얼굴만을
반듯하게 짚어, 간직하려는데
뚫을 수 없는 두꺼운 사람들
속살 만져보라고 눈을 부라린다
널브러진 어지러운 글자들
으름짱 놓으며 벌떼처럼 일어난다
슬슬…… 어쩔 수 없이……
그들에 대하여…… 나는……
마저 풀어가기 시작한다
이건 도리 없는 되풀이다
윙윙거림 때문에, 아니 당신 때문에
언제고 당신을 깊게 팔 때까지.

꿈결처럼 보는 사이 마음의 흙 털어냈지요
지금부터 천 년입니다, 드리는 이 연밥 속에
사르륵 스며들어 당신의 기다림 속 다 지나면
천 년이 어제런 듯 살풋, 눈 뜨겠습니다.

불멸에 가까운

맑은 계절에도 도무지 마음은 진흙덩이니
연실(蓮實), 몇 알갱이 좋은 걸로 선사해드리고
연잎 같았던 그 품을 이제 물려야겠습니다
차마 일어나 떠나지는 못하겠으니 어쩌겠나요
잘 차려온 밥상, 도루 내가라, 내가라 고함치며
억하심정으로 부르르 떠는 못난 시어미처럼
넓고도 정갈하여 햅쌀밥 내음이던 그 품을
이제 앉은자리에서 물려야만 하겠습니다
차마 일어나 돌아설 수는 없으니 어쩌겠나요
차려온 밥상, 엎어져 깨어진 그릇들에서
지르르 번지는 국물자국 흘겨보면서
내가라니까, 내가라니까 손사래 칠밖에요
이 아수라장에 진흙덩이 죄다 풀어놓고
예서부터 한참 당신을 밀어올릴 수밖에요
듣자하니 연실(蓮實)은 불멸에 가깝다 합니다……
천 년도 더 된 까만 눈꺼풀, 살풋이 열리며
연두 잎 새고 연이어 분홍 꽃 새는 걸

그해 여름, 가뭇없으라고 불어오는 밤바람
아득한 그쪽으로 그어진 능선 모조리 덮어가네.

여름 편지

그해 여름 유난히 쨍쨍한 날이 있었다
그날 좋은 햇빛 속에 들어서서
대책 없는 우리 사이 두들겨 말리려고
회암사에 올라 흘린 땀 식히고 있을 때
마당 한쪽, 약수 물 동그랗게 고인 곁에
동자승 한 분도 동그랗게 웃어주셨다
동자승 고운 얼굴 반쪽씩 나눠 갖고
이 길, 그 길로 우리는 내달았다
이 길이 그땐 그토록 먼 길이었다
어느덧 그때처럼 또 여름이다
그쪽이여, 그 길엔 연일 비단결 꽃잎 날리는가
이쪽 이 길에도 잡풀 꽃 그럭저럭하고
올여름 다행히 실하여 노을도 잘 흐르고
장단 맞추며 나도 이리 흥겨운 모양이니
기절한 우리 사이, 가만히 내다 버리겠네
그토록 먼길이었던 이 길로 오던 길에
흥건히 불어터진 발톱도 이젠 빼어 버리겠네

빈 소쿠리 멋쩍어
쿨렁, 받는 시늉하며
우는 듯, 웃는 듯하네.

지나갔네

사랑일까
영글었을까
거두어볼까
더 여물릴까

옥수수 알갱이들은
슬며시 돌멩이가 되네

사랑이 지나갔네
돌멩이들은 달큰한
시절로 돌아갈 수 없네

처음부터 돌덩어리였다고
물오른 알갱이였던 적 없었다고
몰려가는 가을바람 떼
우수수 빈 웃음 떨구네

물큰하게 당신 냄새만 지려놓고 간다.

그……꽃……

더 걸어가보자
이 꽃밭엔 그 양귀비꽃이 없구나

더 걸어가보자
이 꽃밭에도 그 한련화는 없구나

그래도 걸어가보자
저기 잔칫집 불꽃이 보이는구나

잔칫집 앞마당엔 웃음바다 넘치는데
이 넘침에조차 당신은 없구나

만나는 것마다 당신 아니시라
당신 내음뿐인 냄새꽃차례들

저기, 당신을 빠뜨릴 듯하다가
그냥 넘어가는 무정한 해덩이

열나흘 달빛

우리가 '우리'라는
충만을 누리지 못하는,
저리도 총기 좋은 달빛 놓을
마당 한 자락을 갖지 못하는,
오래된 망설임이 사뭇 늙힌
까끌까끌한 오이 따 담은 망태기
그대 어깨에 걸어주고서
종작없는 걸음 옮길 적마다
발등 찍는 달빛 살풋 들어올려
머리 위에 드리워달라고……
간절히 조아리는 눈빛, 받아주시면,
우리가 '우리' 되려고 가을 풀벌레처럼
막막하게 울었던 적이 있었다고
언젠가 어디선가 따로 따로이
긴 한숨 몰아쉬며 늙은 오이 깨물 때
저 총기 좋은 열나흘 달빛
다시 우리를 모아놓지 않으랴.

5월이 되어도

5월이라 연둣빛, 모두 갈렸는데
작년 것, 피딱지 같은 산사자(山査子)는
여태껏 매달려 있다니,
제 붉음 한껏 치켜올려주던
작년 잎사귀들, 작년 눈송이들
휘이휘이 모두들 갔는데
왜 못 떠나는가
쪼그랑 심장을 여태 할딱이다니,
산사나무 안에 들어
잦아드는 심장 소리 애써 듣자니
왜 못 보내는가
한 사람 붙들고 있는 한 사람의
가래 끓는 소리 가르랑거린다
5월이라 햇살, 이리저리 넘쳐도
산사나무 하얀 꽃, 부풀지 못하겠다.

계신 줄도 몰랐었는데.

박꽃이나 하얗게 피워야겠어요.

당신이라니요

걸레를 살그머니 넣어
등피 안쪽을 닦을 때마다
조마조마하여
전깃불만 환하게 들어오면
얼마나 좋으랴 싶었던 때,
한창인 박꽃도 좋아했어요

당신이라니요
당신이 계신 줄도 몰랐는데,

조마조마하여
박씨나 심어야겠어요
전깃불만 환하게 들어오면
더 바랄 게 없다면서도
가만히 박을 타서 받아둔 씨앗

언감생심, 당신이라니요

꽃사과 나무 아래, 그날 우리들
여태껏 달게 자고 있어요
아직도 더 자라고 있어요.

꽃사과 꽃봉오리

눈가루 하얗게 빻는 나라에
어느덧 당신은 계신 것 같고
눈에 덮여 푸근히 계신 것 같고
푸근한 당신, 어느덧
여기선 사실 수 없으신지
눈가루 날리는 눈웃음만
서늘하게 보내십니다

덜커덕 내려앉은 젖은 지평선에
유리디체의 부풀었던 젖꼭지,
불그레한 꽃사과 꽃봉오리 놓고서
막막하게 또 만져봅니다

자고 나도, 자고 나도 일렁이는
여기 나라 꿈이랑에선, 한 치 앞 두려워
꽃봉오리 다 펼치지 못합니다
그래도 당신, 뒤돌아서지 마세요

눈썹 두 줄

모네의 꽃 정원으로
세상 한련화는 다 모여, 피어
가쁜 눈길 빼앗는데, 갑자기
주황불 뚫고 솟구치는 눈썹 두 줄
믿을 수 없었다, 그 애절함
거기서 펄펄 끓고 있었다니
눈썹 두 줄, 그토록 애타는 꽃인 줄
차마 모른 우둔함 끌고 가서
그이 앞에 꿇어앉히겠다고
마음을 쥐어박으며 종종거렸다
모네의 정원, 주황불 속에서.

어스름 봄날

오늘은 만날 수 없겠다고
일이 생겼다고, 뿌예지면서
몇 번인가 약속한 시간을
되물려 갖고 뛰어가려는
네 성급한 목소리를 잡고서
그 시간 끌고 어디로 가려는가,
한 번도 물은 적 없지마는……

이리 오려다 발길 돌린 그 시간들
얼얼하게 붉은 멍울, 도화(桃花) 시늉으로
강파른 가슴에다 매운 젖멍울 세운다
이리 오려던 시간, 돌려 세운 채
네가 지나갔을, 모르는 길 모서리
어스름 봄날엔 칼끝인 양 일어선다.

저만치 네가 왔다

까맣게 졸아붙은 마음
그윽하게 감싸안고
온통 눈빛으로만 왔다

그런데 다 오신 건가요
다 오신 건가요, 되뇌다
휘파람새 어느새 울고 있지만

그래, 너는
저만치 다 온 것이다.

저만치 네가 왔다

고된 하루 품 팔아
신발 사서 부치고
저고리감 끊어 보내고

질정 없는 마음
간장 달이듯 달여
흰 구름에도 한 종지 얹었더니

저만치 네가 왔다

그 신발 신고
그 옷감으로 옷 지어 입고

잘 받았습니다
잘 받았습니다, 되뇌는
휘파람새 한 마리 데리고

저녁상 거두는

그의 눈동자에 오롯이 고이는

내 영혼의 슬픈 눈.[*]

[*] 이형기의 「낙화」에서 인용.

내 영혼의 슬픈 눈

아침 물리며
아침상 차려준 이도 물리다가

점심 물리며
점심상 차려준 이도 물리다가

저녁거리를 싸들고 온 이를
물끄러미 쳐다본다

탈 듯이 비로소 간절하다

하얗게 지는 해자락에
싸들고 온 슬픈 저녁 끼니

목 메는 깻잎
한 장 한 장 일으켜 먹으며
석양을 온 힘으로 받는다

모락모락, 큰 꿈

사오월이면
청미래 순 한 움큼
오들오들하게 삶아 무쳐서
소반 위에 차려놓고
입쌀밥 같이 먹고 싶었습니다

이루지 못하는
큰 꿈, 봉우리에선
하얀 김만 모락모락,
아직도 오릅니다.

봄비로, 가을비로

보슬비 마알갛게 얼비치고서
국수나무 순 소복소복해지면
국수나무 순 삶아 먹고
내처 장대비 쏟아지고서
국수버섯 소복소복해지면
버섯국 끓여 먹으며
서러운 밥 때마다 눈시울 뜨거워
봄비로 떨구었습니다
가을비로 후득였습니다
생각할수록 사랑이었습니다
국수나무 이파리도 쪼그라지고
국수버섯 나던 곳도 바싹 말랐습니다
어지간히 생각한 것입니다
어지간히 생각하라 하셨습니다.

따끈따끈 듣고 싶었던 것이다.

당신을 귓가에 대어본다

댕그렁거리던 잎사귀들
모조리 떨쳐버리고
맨 힘줄로 쭉 들어올린
물 좋은 달덩이,
잠시 매달고 있는
황홀한 어떤 나무의
그 투명한 절정에
당신을 들어 올려놓고
조심조심 흔들어댄다
쿵 하고 떨어져
바구니 그득 담기는 당신
갓 딴 당신을 잘 집어
오른쪽 귓가에 대어본다
가장 멀리서 내게로 오며
조금씩 쌓여갔을
당신의 알갱이들이
당신 만들었던 따뜻한 소리를

갸웃갸웃, 달개비꽃

가는 사람 잡지 않고
오는 사람 막지 않고
비스듬히 열어놓은 문으로
사람 사는 냄새 연신 흘리며
가는 사람에게 밥 싸주고
오는 사람에게 밥해 먹이고
강물 같은 세월에 손 씻으면서,
깊이 드는 잠 속만
갸웃갸웃하는 그 사람에겐
밥도 못 싸주고
밥도 못해 먹이고
저릿저릿한 푸른 꽃 한 줌만
마른 손바닥 위에 올려놓는다
갸웃갸웃, 달개비꽃
깊이 드는 잠 속, 그 사람 늘 푸르다.

냉이꽃밭쯤

한 가냘픔이
또 한 가냘픔을
하얗게 흘금거리던
샐쭉한 눈길이
앞으로 번지고
뒤로도 번지더니
배시시 웃음기가 돌더니
한 벌판 빼곡하여서는
달디단 침냄새 퍼뜨리네.

최초의 연인들끼리
눈 감은 채 묻혀온 입술을
아껴가며 온종일 빨고 있는
냉이꽃밭쯤 앉아 있었던
한 사흘인가, 나흘인가…….

가뜩하여라
좋은 바람, 6월.

6월, 가뜩하여라

멀리 계시던 당신들
우르르 오신다

은사시나무에게 오시는
은사시의 당신,

자작나무에게 오시는
자작의 당신,

미루나무에게 오시는
미루의 당신,

옷깃 느슨히 오시는 당신들께
안기는 소리, 살폿 살폿

은사시, 자작, 미루들이 우르르
깨어나는 참 소리, 참 바람

꽃피는데

들나물꽃은 봄에 피네
산나물꽃은 여름에 피네

더러는 늦어져
여름에도 들나물꽃은 피지
가을에도 산나물꽃은 피지

더러는 너무 숨이 가빠
매운 겨울 울타리 밑에서도
실눈 뜨며 눈치 보는,

꽃다지 연노란 꽃
누가 뭐래나
꽃피는데.

가슴 소쿠리

쑥갓 꽃망울 같은
울먹한 표정 하나
몹시 파고든다

어릴 적 끼고 다니던
대소쿠리처럼 쿨렁,
가슴이 깊어진다

텃밭에서 저녁 찬거리
뜯어 담던 소쿠리는
먼 훗날 가슴이 된다

저잣거리에서
저벅저벅 돌아온
저녁 설움 쓸어담는
가슴 소쿠리.

제 **1** 부

입추 · 110

새털구름 보며 · 111

말끝을 흐리는, · 112

눈물 들판 · 114

| 작품 해설 | 홍용희(문학평론가)
마음의 극명과 사랑의 시학 · 115

● 제3부

난처(難處) · 82

난처한 눈빛 · 83

억새풀 · 84

홍초 잎사귀 · 85

사흘이 지나고, 나흘이 지나도 · 86

그토록, 저토록 · 88

그날치의 이별들 · 90

결절(結節) · 92

난롯가의 여교사들로 인한, · 94

그래야만 했었다–불멸의 연인 · 96

깻묵 · 98

가혹한 관념 · 99

죽은 지 꽤 오래되었다는 · 100

아슬아슬한 몸 · 102

냉랭하게 · 103

느닷없이 · 104

불쑥, 꽃다지 꽃이랑 · 106

욕(辱) 구경, 꽃구경 · 108

말았으면, 제발 · 78

우리가⋯⋯ · 80

● 제2부

큰 회화나무 꽃 떨어진 무늬 · 46

그래, 그래서 · 48

그런 마알간 날 · 50

솟는 풍경 · 51

수수한 저녁 · 52

들길, 대화 · 54

알지 못하는 곳 · 56

너의 설움 · 58

직립(直立)의 날 · 60

철원, 겨울 · 62

꽃잎 지듯, 져 내리기를 · 64

변함없으셔서 · 66

아늑한 얼굴 – N시인에게 · 68

새파란 극명(克明) · 70

연민(憐憫) 한 장 · 71

중얼거리다 · 72

세상책 · 74

은사시나무, 겨울 · 76

여름 편지 · 40

불멸에 가까운 · 42

결국은, 당신에 대하여 · 44

| 차례 |

● 제1부

가슴 소쿠리 · 14

꽃피는데 · 15

6월, 가득하여라 · 16

냉이꽃밭쯤 · 18

갸웃갸웃, 달개비꽃 · 19

당신을 귓가에 대어본다 · 20

봄비로, 가을비로 · 22

모락모락, 큰 꿈 · 23

내 영혼의 슬픈 눈 · 24

저만치 네가 왔다 · 26

어스름 봄날 · 28

눈썹 두 줄 · 29

꽃사과 꽃봉오리 · 30

당신이라니요 · 32

5월이 되어도 · 34

열나흘 달빛 · 35

그…… 꽃…… · 36

지나갔네 · 38

시인의 말

나를 힘겹게 찢고 나온 이것들,
볼품없이 뭉툭한 것들뿐이다.
이 착란들 쏟뜨리고야만 만용을
어디다 감춰야 할지 모르겠다.
이번 생(生)은 어찌할 수 없는 난처(難處)다.
뭉툭한 인지력의 몫도 있으리라 생각하며
더욱 낮아져야 할 뿐이다.
몸을 낮추고 오는 것들과 만나는 기쁨으로
앞으로의 시간들을 출렁거리게 하고 싶다.

2006년 봄
한영옥

한영옥 시집

아늑한 얼굴

랜덤하우스중앙

아늑한 얼굴